La naissance

Qu'est-ce que ça change ?

Collection dirigée par Carole Widmaier
et Marion Muller-Colard

Aller à l'essentiel sans s'embourber dans l'abstraction, penser sans tourner en rond, avec une ligne de départ et une ligne d'arrivée, un avant et un après : voilà l'expérience de lecture proposée par la collection *Qu'est-ce que ça change ?*

Tenant compte à la fois de la crise de la disponibilité, de la défiance à l'égard des intellectuel.le.s et de la belle persistance à vouloir penser par soi-même et avec d'autres, *Qu'est-ce que ça change ?* propose de petits livres solides, appétissants, accessibles et originaux portés par des auteur.e.s habiles, incarné.e.s, soucieuses et soucieux de partage et de transformation.

Olivier Abel, *La naissance*, 2024
François Ansermet, *L'origine*, 2024
Alexis Jenni, *Le cerveau*, 2024
Nathalie Sarthou-Lajus, *La ferveur*, 2024
Ingrid Thobois, *La maternité*, 2024
Carole Widmaier, *La promesse*, 2024
Frédéric Worms, *La vie*, 2024

Olivier Abel

La naissance

Qu'est-ce que ça change ?

LABOR ET FIDES

Les Éditions Labor et Fides
ont bénéficié d'une bourse d'aide à un projet d'édition
du Département de la cohésion sociale de la République
et canton de Genève pour la création de la collection
Qu'est-ce que ça change ?

*Les Éditions Labor et Fides sont subventionnées
par la République et canton de Genève,
et bénéficient d'un soutien structurel
de l'Office fédéral de la culture pour les années 2021-2024.*

ISBN 978-2-8309-1851-9

1, rue Beauregard, CH – 1204 Genève
Tél. +41 (0)22 311 32 69
Fax +41 (0)22 781 30 51
E-mail : contact@laboretfides.com
Site Internet : www.laboretfides.com

La plus belle des mers est celle où l'on n'est pas encore allé, le plus beau des enfants n'a pas encore grandi...

Nâzim Hikmet, 1945

Quoi de plus commun, quoi de plus ordinaire, que la naissance ? Quatre ou cinq naissances humaines chaque seconde dans le monde ! Et si l'Antiquité définissait les humains comme des « mortels », leur condition la plus commune, et leur communauté la plus profonde, n'est-elle pas d'*être nés* ? Nul pourtant ne semble s'en étonner ni se soucier de méditer cette condition natale, cette universelle nativité : la mort ou le mal sont plus pathétiques. Pourtant, penchés sur la berce d'un nouveau-né, nous rêvons : qui est ce petit étranger si proche ? D'où vient-il ? Que va-t-il devenir ? Il a l'air si peu étonné d'exister. On dirait que l'étonnement vient après coup, peu à peu, comme la chouette se lève au crépuscule.

Étonnons-nous encore.

La naissance est avant tout une sortie, une éclosion, une expulsion de ce qui est appelé à grandir. Elle est un apparaître, un paraître au monde. Or il n'y a pas d'apparaître sans retrait, pas d'éclosion sans clôture, pas de dévoilement sans voile, pas de désabritement sans abri. Ce qui était caché se montre, mais a besoin de pouvoir parfois se retirer, dans un perpétuel mouvement entre l'ouverture vulnérable et l'abri protecteur. Venir au monde, c'est se manifester, se découvrir, se déprotéger. Et on peut dire qu'à chaque découverte que nous ferons au long de notre vie, nous refaisons l'expérience de naître au monde.

Mais la naissance dit aussi le rattachement à une origine, l'extraction, la lignée et la ressemblance. Le nouveau-né, qui a déjà un long parcours de formation derrière lui, est appelé à ressembler à ceux dont il est issu, et rien n'est plus mystérieux que la ressemblance. La naissance raconte le milieu, la genèse, la suite des générations, la généalogie. Elle se retrouve dans le mot « nature », « naturel », et dit alors ce qui est inné, natif, éventuellement même parfois naïf. La nature en ce sens ne s'oppose pas à la culture, elle dit ce à partir de quoi la culture élabore, interprète, invente. La naissance se retrouve enfin dans le mot « nation », ou par une boucle curieuse dans l'idée de « naturaliser » un étranger, de lui donner comme une naissance seconde.

Ces pensées premières, ces bribes trop repliées, ne sont que des balbutiements. Il est si difficile d'accéder au commencement. Comment penser une « condition natale » aussi radicalement essentielle, mais qui ne correspond pour chacun de nous à aucune expérience, à aucun souvenir ? Cela qui m'a rendu disponible au monde n'est pas à ma disposition. C'est une limite fuyante en deçà de mes plus anciens souvenirs, c'est un oublié où la vie, le mouvement, la douceur et la sensation, le désir, la parole, la pensée même me précèdent. Je suis toujours déjà après ma naissance, comme je suis avant ma mort. Ce n'était pas mon acte, je suis né, c'est juste arrivé sans que je le sache, sans que ce soit mon choix. Si ce n'était le récit des autres, de mes proches, rien ne me prouve que j'aie commencé d'exister un beau jour, et mon existence surgit simplement de cet effacement originaire. J'y perds ma trace. Et dans ce commencement de moi sans moi, le temps ne comptant plus pour moi, je touche comme immédiatement au commencement du monde.

Ce qui est vertigineux, avec la naissance, c'est que ce qui vient à la vie et au monde, et qui semble surgir hors d'un minuscule tourbillon de néant, est toujours déjà voué à retourner au néant. Alors à quoi bon la naissance ? À quoi bon l'émerveillement de l'infinie et fragile complexité que comporte en puissance toute enfance, si la vérité qui l'emporte est l'entropie, le retour à l'indifférenciation résignée ? Qu'y a-t-il de nouveau sous le soleil ? La naissance n'est-elle pas vouée au deuil et à la mélancolie ? Oui, le vertige de la naissance est plus radical que l'angoisse de la mort ou du mal. Au fond, mieux vaudrait ne pas être né ! C'est une lamentation du livre de Job et de l'*Œdipe à Colone* de Sophocle, une malédiction de l'Évangile selon Matthieu, qu'on retrouve encore dans la terrible phrase pivot du film de Frank Capra *La vie est belle* (*It's a Wonderful Life*, 1946). Nous devrons passer par là, en refaire l'angoissante traversée. Et ce qu'il nous faudra comprendre, finalement, c'est pourquoi, en dépit de tout, nous continuons à nous réjouir des naissances.

Si nul ne semble s'étonner d'être né, et si tous les humains semblent trouver cela tout naturel, dès qu'on y pense un peu un vertige nous prend, celui de notre absurde contingence : pourquoi moi, dans l'infinie combinatoire des possibles ? J'aurais pu ne pas exister. D'où peut-être les entreprises répétées des humains pour effacer la part hasardeuse de la naissance et l'insérer dans un processus dont nous serions les maîtres. Et cela dit quelque chose de notre époque, cette volonté de réduire le vertige, d'estomper la rupture, cette discontinuité majeure, qu'est la naissance.

Et pourtant, que seraient le monde, nos sociétés, nos vies, sans l'irruption de la naissance ? Car rien ne change tout plus radicalement qu'elle : pour les vivants, pour les sujets singuliers que nous sommes, pour les familles, pour les cités, pour les cultures humaines. La naissance, c'est bien ce petit fait, ce petit hasard initial que nous ne cessons d'interpréter, auquel nous ne cessons de tenter de donner sens.

L'effacement ou le déni de la naissance

Dans le monde humain, dans les derniers siècles et les dernières décennies, il y a eu beaucoup de naissances. C'est une caractéristique de la modernité, qui n'a pas peu contribué à nous donner le sentiment d'une croissance infinie. Le nombre de naissances est comme une vague qui a monté successivement sur les plages de tous les peuples, générant parfois des migrations, des colonisations, des guerres. Nos formes de sociétés se sont organisées pour gérer ces flux et les canaliser, mais les voici soudain prises à contre-pied par un nouveau problème, souvent sous-estimé, ou masqué par d'autres, dont on perçoit encore mal toutes les conséquences : non seulement la stabilisation, mais la baisse rapide du taux de natalité dans beaucoup de pays. Ce n'est pas là quelque chose qui se puisse commander aisément, et les politiques démographiques portent souvent en germe des idéologies mortifères. Mais s'il n'y avait plus de naissances, que se passerait-il ?

Ce n'est pas qu'une tendance statistique, c'est comme une petite musique qui nous dit que les temps, qui s'assombrissent, ne sont pas favorables aux enfants à naître, et que le monde qui vient sera méchant. On a le sentiment d'avoir essayé toutes les solutions, qu'il n'y a pas d'alternative, si bien que de jeunes adultes de plus en plus nombreux déclarent ne pas vouloir mettre d'enfant au monde. Nous entrons dans un temps d'abstention, et même d'abstinence. Un « je préférerais ne pas... » généralisé. On pense à ces mouvements de la fin de l'Antiquité, que l'on appelait « gnostiques », qui prônaient le retrait hors du monde. Comme le dit un personnage du film de Christopher Nolan *Interstellar*, « il ne s'agit pas de sauver le monde, mais de le quitter ». Cet encratisme, ce refus de faire des enfants – en termes gnostiques on dirait d'emprisonner des âmes dans des corps d'avance condamnés à souffrir – n'est que la forme aiguë d'un processus qui tend soit à effacer la naissance, soit à refuser la condition natale en dissociant la personne, le sujet, de son enveloppe corporelle.

D'un côté nous percevons, en sourdine, une sorte d'estompement de la naissance dans le processus sans fin de la vie elle-même, comprise comme un grand tout, à la fois vulnérable et consolateur. La philosophe Hannah Arendt parlait de notre époque comme de celle du triomphe de la vie. Pour elle, cela voulait dire d'abord le triomphe de la notion de travail, dans tous les domaines, au détriment de l'action et de la parole. La vie, c'est le travail incessant de la mémoire et de l'oubli, de l'accouchement et du deuil, c'est la production et la reproduction qui assurent la continuité de la vie. Arendt vise ici la vie comme répétition globalisante, au détriment de ce qui fait « événement », comme la naissance, l'action, la parole. Car le triomphe de la vie, c'est aussi celui de l'idée de processus continu, qui fait passer au second plan les discontinuités toujours singulières que sont la naissance et la mort. Les vivants sont tellement interdépendants que l'on pourrait parler de la vie comme d'un hyperorganisme, au sein duquel les naissances et les morts s'estompent.

Sous un tout autre bord on voit diverses évolutions, technoscientifiques mais aussi de l'imaginaire social – on pourrait parler d'évolutions « techno-imaginaires » –, qui tendent à effacer la « condition natale ». Nous vivons en effet un temps de déploiement de moyens de maîtrise biotechnique et « procréatique », qui tendent à effacer la naissance dans un processus où les discontinuités elles-mêmes sont notre production. Avec l'imagerie médicale, par exemple, les parents ont très tôt une image de leur enfant qui leur donne un sexe, et bien vite un prénom. L'impossibilité d'avoir une image, jusqu'à la naissance, d'un être qui était pourtant si proche déjà, et cependant inconnu, interdisait d'identifier trop tôt cet être, et donnait aux parents le temps de réaliser qu'ils ne *savent* pas qui est cet enfant, qu'il n'est pas la réalisation de leur projet mais un *autre*. Certes, les naissances sont d'autant plus célébrées, comme une joie goûtée et savourée longuement d'avance. Les images de l'embryon font partie de l'album photos, du récit qui accompagne de très loin sa venue au monde. Et les faire-part de naissance attestent une intense imagination créatrice, qui dit beaucoup de nos attentes.

Mais c'est peut-être l'une des significations possibles de cet effacement de la naissance dans un récit ou un projet qui l'intègre. Chassés par nos techniques du monde brutal où les enfants simplement *arrivaient*, nous voici de plus en plus dans la liberté obligée de choisir. Cette obligation nous angoisse. Ce hasard d'une grossesse, est-ce que je le veux ou pas, est-ce que nous le voulons ? Pourquoi cet enfant-ci, et pas un autre ? Nous voudrions échapper au tragique de devoir choisir, en définissant l'embryon soit comme un pur *remplaçable*, soit comme un être *unique*. D'un côté l'embryon sera réduit à un bout de processus comme il y en a tant, qui n'aura d'avenir que ce que nous en ferons. De l'autre côté l'embryon sera perçu comme singulier, et aimé, et animé (il a une âme), dès sa conception, sinon même avant. Dans tous les cas, la naissance n'est plus l'irruption qu'elle fut pendant des siècles et jusqu'à récemment. En ce sens, et jusque dans la valorisation dont elle fait l'objet par les parents ou par la société, c'est moins un événement qui arrive qu'un événement que l'on fait arriver.

Or il y a des choses qu'on ne choisit pas, qui nous arrivent, et que l'on ne peut que refuser ou accepter : je n'ai pas décidé ma naissance, elle n'est pas mon choix, ni mon acte, ni mon œuvre, mes parents non plus d'ailleurs ne *m*'ont pas vraiment choisi. Au fond c'est peut-être là le nœud de notre problème : la naissance nous rappelle une sorte de limite inexorable à tous nos choix. Dans une société où le choix parmi des possibles est au cœur ou plutôt au gouvernail de notre « techno-imaginaire », comme on le voit depuis nos moindres portables jusqu'aux entreprises transhumanistes, la naissance nous rappelle une limite insupportable.

Nous voudrions y substituer notre choix, ou au moins notre libre consentement. Un arrêt célèbre de la Cour de cassation avait reconnu la plainte et la demande de réparation d'une personne handicapée qui reprochait au médecin de l'avoir « laissé naître ». L'affaire avait réveillé la peur d'un « eugénisme » visant à éliminer avant leur naissance ceux qui risquent d'être déficients. Le seul fait de naître devenait un possible préjudice, comme s'il *aurait mieux valu* pour certains de ne pas vivre, lorsqu'on ne peut éviter le handicap sans éviter la naissance. Un argument philosophique a alors été avancé par Marcela Iacub, c'est qu'une personne née aurait pu être conçue à partir d'un autre embryon, et que le même sujet aurait pu être doté d'une existence biologique différente. Bref, on pourrait détacher l'existence de la personne de sa vie embryonnaire, qui n'est après tout qu'un moyen, pour la personne, d'accéder à l'existence – et c'est pourquoi la personne peut se plaindre de n'être pas née autre.

Réfléchissons. On pourrait dire que les manières de traiter la naissance et de l'instituer déterminent nos formes de société. De la même manière que l'humanité jadis a inventé des castes et des dynasties pour durcir la continuité des filiations, de la même manière qu'elle a inventé naguère des systèmes de mérites pour que les gagnants soient convaincus d'être les élus, le marché néolibéral aujourd'hui semble vouloir recouvrir l'angoisse que tel spermatozoïde, tombant sur tel ovocyte, dans l'infinie conjugaison des rencontres et des généalogies possibles, soit *moi*. Le vertige du pur hasard est insoutenable, nous préférons organiser nous-mêmes l'universelle loterie. Et c'est peut-être cette condition corporelle, culturelle et sociale, d'être né dans ce corps-là, dans cette langue-là, dans ce milieu-là, que nous voudrions effacer, échanger contre une autre plus choisie, et non tirée au hasard.

Le philosophe Jean-François Lyotard remarquait que nous faisons tout pour nous libérer de nos corps, ou les remodeler à volonté, ou pour libérer nos corps de leur condition corporelle d'être nés, sexués, et mortels. Nous sommes mus, disait-il, par le mythe de la croissance et du développement, qui ne cesse de réaménager notre planète, nos sociétés, et nos corps. On pourrait dire que l'imaginaire quasi gnostique d'un exode extra-terrestre, hors d'une planète déjà considérée comme perdue, et traitée comme telle, en est le rêve fou. Il ne s'agit pas tant ici de nos PMA que de nos films, de nos jeux vidéo, de nos utopies et de nos dystopies. C'est peut-être l'« humanité nouvelle », entièrement malléable, que Hannah Arendt décrivait dans le système totalitaire. Nous en sommes encore loin, et nous pouvons espérer que la société de marché, qui oriente insensiblement nos choix collectifs, rencontre des freins éthiques et démocratiques que les sociétés totalitaires n'avaient pas. Mais face à tant de problèmes qui s'accumulent sur nos têtes, la tentation est grande d'imaginer pouvoir sortir d'une condition humaine captive d'être née, et de nous reconditionner, de nous re-donner nos conditions.

Si nous revenons de ces grands vaisseaux interstellaires vers les modestes berceaux humains, nous mesurons combien les sujets que nous sommes ne sont pas de petits pilotes que l'on aurait provisoirement placés dans un corps qui serait un objet parmi d'autres, à choisir et à équiper en fonction de l'usage que nous en voulons ! Le sujet *est* un corps vivant, il pousse en même temps, il en a la forme vive, il en est indissociable. Bien sûr c'est par la parole que nous donnons forme à nos vies, nous ne cessons de les interpréter. Et le trouble contemporain quant à nos identités, comme le trouble dans le genre, attestent que nous n'avons jamais fini d'interpréter notre condition d'être nés, sexués, et mortels, d'être nés quelque part, et à une certaine date, et dans un certain milieu.

Il y a d'ailleurs des moments où l'on voudrait dire les inconvénients d'être né, et la révolte, la plainte, la tristesse ou le refus d'être né tels ou tels. Après tout, on n'a rien demandé ! Or nous voici en quelque sorte *coincés* dans un corps, qui détermine beaucoup notre forme de vie, et en tout cas notre angle de vue sur le monde. Nous ne connaissons du monde que notre coin, nous ne connaissons le monde qu'à partir de notre coin. Notre ouverture est tellement limitée, notre angle tellement obtus ! La condition natale tient à tout ce qui nous rappelle, au long de nos vies, l'étroitesse de notre ouverture au monde. Pour le dire avec de gros mots : la splendeur de l'incarnation est aussi l'horreur de l'incarcération. Selon les situations, on peut y voir un traquenard : naître, comme on dit,

« dans la peau » d'un enfant norvégien ou soudanais, d'un petit veau engraissé dans un élevage industriel ou d'un libre crapaud, ce n'est pas pareil. Et pourtant *il faut bien vivre*. Le consentement ici n'est-il pas obligé ?

Mais dans le même temps, c'est parce que je sais que j'ai de naissance un point de vue étroit, parce que je me sais *parmi* d'autres, que je peux me mettre à la place d'autrui, déployer un point de vue critique. On n'a qu'une vie, mais il y a d'autres vies que la nôtre. La désolation de notre finitude trouve sa consolation dans la merveille qu'est la pluralité des existences, des formes de vie. Chacun, coincé dans son point de vue de naissance, fait ce qu'il peut pour pousser droit, pour faire d'un coin de hasard l'accès à un possible point de vue universel, ou simplement pour faire quelque chose de ce qui lui a été donné à sa venue au monde. Chacun se trouve, dans les deux sens du terme, l'*obligé* de sa naissance.

Être né, une condition biologique

Nous repartirons donc de notre coin, et de notre condition, déclinée dans tous ses aspects. Et la condition natale est d'abord une condition tout bonnement biologique. Quand on considère les myriades d'espèces animales, et tous les vivants soumis à la reproduction sexuée sous tant de formes diverses, on mesure la diversité des formes de naissance ou d'éclosion, dont certaines sont très semblables à la forme humaine, et d'autres incroyablement dissemblables. C'est qu'avec l'invention de la naissance, qui est aussi l'invention du sexe et de la mort, la vie a prodigieusement accéléré ses capacités d'évolution. Le fameux « Croissez et multipliez » biblique en donne le mot d'ordre : essayez tout, multipliez les formes de vie. Car la reproduction sexuée n'est pas la reproduction du même, la mauvaise copie d'un original idéal, ni non plus la production par soi d'un soi meilleur. C'est la recombinaison aléatoire de deux codes génétiques entrelacés, qui multiplie les chances de combinaisons inédites. C'est aussi la naissance, un par un, d'êtres singuliers, d'individus, et c'est aussi leur mort, un par un, leur disparition singulière.

Mais après tout, cette condition natale n'est qu'une possibilité parmi d'autres. On pourrait faire de la biologie fiction : et si la naissance, comme chez de nombreux insectes, se faisait non pas un par un mais en masse, par une éclosion de progéniture par myriades ? Pourquoi pas non plus une mort en masse, et le remplacement d'une génération par une autre d'un coup, en une seule fois ? Il n'y aurait plus de tradition, mais sans doute plus non plus d'invention. Imaginons une masse de clones, produits en série. Quelle serait alors la forme de nos cultures, de nos sociétés, de nos vies ? Et si, pourquoi pas, la première génération n'avait jamais besoin d'être remplacée, parce qu'elle serait immortelle – il semble exister des méduses qui tantôt vieillissent, tantôt rajeunissent, qui changent de sexe aussi, alternativement. Avec la méduse, on est toujours au plus loin de l'humain ! Les méduses connaissent-elles la naissance ? Que se passerait-il si la présente génération était inengendrée, venant de la nuit des temps, mais mortelle, comme un interminable crépuscule des dieux ? Ou bien encore si la vie était un mouvement certes, mais éternel, et perpétuel, et immuable ? Questions certes sans réponse, mais qui ouvrent notre imaginaire vers un monde sans naissance. Sans l'événement de la naissance, oui, nos vies, nos sociétés, nos cultures ne seraient alors pas ce qu'elles sont.

Dans l'arbre des généalogies, je suis le descendant de milliers d'autres ancêtres que de ceux qui m'ont donné mon nom, et dont les noms se sont peu à peu effacés. Et tous ces ancêtres ont eu bien d'autres descendants que moi. Nos identités sont toujours plus dispersées que nous ne croyons. Nos arbres généalogiques, en éclairant certaines lignées, laissent à peine entrevoir le fond obscur sur lequel elles se détachent. Nous ne savons pas vraiment de qui nous descendons ni qui sont nos cousins, et le saurions-nous que nous aurions des surprises. Et pourquoi pas remonter l'histoire du vivant, dans ces mémoires infinitésimales accumulées, oubliées, incorporées, qui font notre participation et notre compréhension intime, intérieure, à toutes les autres formes de vie ?

D'où provient cette petite vie initiale qui s'accroche pour exister ? Le désir de la mère en est certes une condition ordinaire, mais ce n'est pas une condition suffisante, et le désir paternel évidemment non plus. Cette vie est-elle voulue au-delà du hasard aveugle du désir parental ? Quel est cet être qui, presque avant d'exister, désire être ? Au fond on ne le connaît *ni d'Ève ni d'Adam*. Les nouveau-nés sont comme des petits Éros qui auraient décoché d'avance une flèche à leurs géniteurs. Et chacun et chacune vient au monde avec une telle volonté, des savoir-faire déjà tellement constitués, un tempérament déjà tellement singulier, qu'il ou elle nous échappe. Tout de suite c'est bien lui, c'est bien elle.

Cette condition biologique, c'est aussi la dispersion et le gaspillage des possibles non advenus. La vie est généreuse, elle multiplie les chances, les occasions pour que la rencontre des gamètes se fasse. Cioran écrivait : « Le spermatozoïde est le bandit à l'état pur. » Pour qu'un spermatozoïde rencontre un ovocyte, combien de perdus ? Et le parcours ne fait que commencer. Pour un enfant qui naît, combien n'ont pas vu le jour ? La naissance est toujours célébrée sur le fond oublié de ce « massacre des innocents », entendus ici comme le poids des virtualités non abouties. Et ce qui nous menace toujours, depuis cette arrière-enfance profonde, et jusque dans notre mentalité d'adulte, dans la mesure où nous sommes tous des « survivants » de cette course, c'est de nous croire stupidement les meilleurs, ou bien de sombrer dans la mélancolie.

Cette invention de la naissance, c'est encore la bifurcation, à chacune d'entre elles, c'est-à-dire aussi à chaque mort, entre ce qui continue, et qui est la vie de l'espèce, et ce qui reste au bord de la route, parce que singulier et périssable : les personnes.

D'un côté on a ce que l'on peut appeler la génération, la suite des générations, caractérisée par Platon comme la forme humaine de l'immortalité. C'est la vie dans sa continuité, mais par l'incessant recouvrement des générations les unes par les autres. Il y a des noms dans cette succession, et parfois de grands noms, mais au fond tout cela provient de l'anonyme et y retourne tôt ou tard : la vie continue et tous seront oubliés. Quand je pense à l'« arbre de vie », ce n'est pas à la Genèse que je pense, mais à l'image proposée par Kundera, observant que les jeunes filles maintenant montrent leur nombril, et imaginant depuis Ève l'immense arbre ombilical passant par tous les nombrils de tous les temps !

De l'autre côté, on a ce qui apparaît et qui disparaît un par un avec chacun des mortels, ces mille singularités d'odeurs, ces savoir-faire et ces petits gestes astucieux logés dans les plis du corps, cette mémoire levée par tant de visages, par tant de paroles. La personne singulière, aimée dans sa singularité, remonte à cette apparition première, comme le nouveau-né Moïse dans sa corbeille livrée aux eaux du Nil, et trouvée par la fille du pharaon. Tout nouveau-né est comme une corbeille que l'on ouvre, sans savoir ce qu'on va trouver. Avant sa venue au monde, personne n'avait entendu parler de lui, on ne savait pas qui c'était. On le saura peut-être un peu plus à sa mort, on pourra au moins un peu raconter son histoire, ce qui lui est arrivé et ce qu'il a fait arriver.

Mais de toute façon notre condition natale de mortels nous inscrit constitutivement dans la pluralité. Dans la pluralité de la succession des générations, des prédécesseurs et des successeurs, mais aussi dans la pluralité des contemporains. La diversité de formes des vivants culmine dans la pluralité humaine. Si j'étais éternel je n'éprouverais pas l'altérité. Mais le temps mortel en moi fait de la place pour d'autres que moi. Mon point de vue sur le monde n'est ni éternel ni le seul. Parce que je suis né et mortel, je me sais vivre en même temps que d'autres vies, et contemporain d'autres perceptions du monde commun. On le voit bien : les plus proches jumeaux ne cessent de diverger, de différer dans la réponse de chacun à ce qui leur a été donné, et les fratries se dispersent sur la carte des compétences, comme les camarades de classe. La condition natale est une condition pluraliste. Nous nous savons *parmi*.

Une condition existentielle : comment consentir à être né

La condition biologique demeure quelque chose d'assez général, en comparaison de ce que l'on pourrait appeler la condition existentielle d'être né, dont la question est beaucoup plus personnelle. Qu'est-ce que cela change, pour moi, le fait d'être né ? Ma condition justement est d'avoir éclos, d'avoir été exfiltré, d'être sorti, de m'être arraché à ce qui n'était pas vraiment moi : *ek-sistence*, « se tenir hors de ». Il y avait l'être, mais j'en suis sorti. Et par mon apparition j'ai changé ce qui est, j'ai ajouté de l'*être*, c'est-à-dire aussi du *néant* et de l'*autre*, à l'être. Il est arrivé quelque chose que j'ai fait arriver, sans même le vouloir, par ma venue au monde.

Mais plus je me retourne vers ma naissance, plus j'en découvre à la fois l'irréversibilité et la contingence. La naissance est irréversible, on ne peut revenir en arrière, c'est un fait brut, irrévocable, irréparable, incontestable. Or en même temps, ce fait brut de ma naissance est un hasard purement contingent. On est toujours *né de la dernière pluie* ! Mon existence n'a aucune nécessité, aucune consistance, j'aurais pu être autre, ou ne pas être. C'est la « nausée » de Sartre, il n'y a rien derrière l'apparence des choses et des êtres, aucun sens, aucun dessein, tout est absurde. Mon existence, comme toute chose, est contingente, factice, sinon superflue. Je ne suis pas nécessaire, je ne sers à rien. Comme le disait Ricœur méditant la naissance et la finitude, je m'apparais comme une combinaison probable parmi d'autres tout aussi plausibles mais qui ne se sont pas produites : pourquoi cette combinaison est-elle moi ? Je ne suis que le résultat d'un coup de dés. Le vertige d'être né, ce sentiment d'absurde, ce traumatisme originaire peut-être, sont plus radicaux que l'angoisse de la culpabilité ou celle de la mort. Parce que commencer suppose ensuite de persévérer et finalement de terminer, la naissance contient aussi la condition coupable d'être survivant, et la condition endeuillée d'être mortel.

Ce vertige peut se muer en révolte. Face à cette tristesse du fini, d'être né ainsi et non autrement, de ne pouvoir embrasser tout ce que nous désirons, d'être d'avance diminués dans nos existences par tout ce qui nous manque et nous disperse, la première riposte est celle du refus, de la révolte et du désespoir. On pense aux mots de Kierkegaard dans *La reprise* :

> « Où suis-je ? Que veut dire : le monde ? Que signifie ce mot ? Qui m'a joué le tour de me plonger dans le grand tout et de m'y laisser maintenant ? Qui suis-je ? Comment suis-je entré dans le monde ; pourquoi n'ai-je pas été consulté ? »

Il y a bien des styles de révolte, et je pense aussi à Cioran qui écrivait :

> « Nous fuyons la catastrophe de la naissance, nous nous démenons, rescapés qui essaient de l'oublier. »

Et encore :

> « Il fut un temps où le temps n'était pas encore... Le refus de la naissance n'est rien d'autre que la nostalgie de ce temps d'avant le temps »,

et il évoque le Bouddha qui place la naissance à la source de toutes les infirmités et de tous les désastres. Il dit aussi :

> « Toute ma vie, j'ai souhaité être autre : espagnol, russe, cannibale, tout, excepté ce que j'étais. »

Comment passons-nous de ces formes du refus au consentement à être né, à l'acceptation de notre finitude ? C'est que nous découvrons, en disant *non*, qu'au fond nous disons *oui*, que le non est toujours déjà compris dans un oui plus vaste. La liberté ne peut maintenir son refus sans rien approuver, et l'énergie même de la négation procède d'une affirmation plus radicale. C'était déjà la réponse de Nietzsche à Schopenhauer. C'est le point de la protestation de Ricœur et de Camus contre Sartre : on ne peut pas opposer platement le néant, la résistance, le refus, à l'être considéré comme une glu, ou à un consentement qui serait une résignation à tout. Le chemin du consentement s'effectue sur une ligne de crête, où le sujet ne cède qu'en protestant, n'accepte qu'en refusant, mais aussi bien ne refuse qu'en affirmant, ne conteste qu'en attestant. Le chemin du consentement oscille ainsi entre un trop refuser et un trop accepter. D'un côté, on aura une forme d'acceptation un peu amère et distante, avec un certain détachement, le sentiment que nous sommes de toute façon des exilés dans ce monde, l'admirant de loin mais ne cessant d'en voir l'étrangeté. De l'autre côté, on aura une forme d'acceptation excessive, joyeuse, enthousiaste, où l'on se perd dans une participation au tout de la vie. Le juste consentement, selon Ricœur, comprendrait à la fois cette distance critique et cette approbation fervente, et il l'appelle « le consentement selon l'espérance ». Le monde est bon, mais il n'est pas fini. J'y consens, mais je ne consens pas à tout, et j'espère un autre état du monde où j'existerais plus pleinement, avec et pour et parmi les autres. Ricœur écrivait de l'existence humaine que « c'est la joie du oui dans la tristesse du fini ».

La réponse à la contingence absurde du fait brut d'être né, c'est donc un oui, mais un oui qui comprend un non, une affirmation qui comprend un refus. Il y a dans le courage d'accepter d'être né une vibration, une oscillation première entre le consentement comme affirmation originaire qui jaillit d'elle-même comme désir d'exister, et le consentement comme approbation seconde, qui reçoit ce qui lui arrive dans la gratitude d'être. S'affirmer soi-même ou approuver l'être, ce n'est pas tout à fait la même chose.

Cette vibration est sans doute d'autant plus intense que nos existences ont frôlé le néant et reviennent de loin. C'est de retour des enfers qu'Orphée s'écrie : « Être ici est une splendeur ! » Citons cette *Élégie de Duino* de Rainer Maria Rilke dans l'intégralité du passage :

> « Être ici est une splendeur. Vous le saviez, oui, même vous, filles apparemment privées de tout qui pourrissez, noyées au fond des pires rues des villes, ou livrées à la déchéance. Oui. Car chacune eut son

heure, peut-être moins, quelque chose entre deux instants à peine mesurables à l'échelle du temps – où elle exista. Pleinement. Les veines pleines d'existence. »

Il semble ici que toute apparition d'existence, même la plus fugace, est une grâce. Est-ce vrai ? Comment est-ce possible ? Pourquoi, dans les temps les plus sombres, continuons-nous à nous réjouir des naissances, pourquoi la naissance est-elle, en dépit de tout, une « bonne nouvelle » ?

Mais reprenons avec la *Condition de l'homme moderne* de Hannah Arendt, qui quelques années à peine après « le chemin du consentement » de Ricœur, propose une réflexion philosophique sur la naissance. Elle écrit :

« C'est par le verbe et l'action que nous nous insérons dans le monde humain, et cette insertion est comme une seconde naissance, dans laquelle nous confirmons et assumons le fait brut de notre apparition physique originelle. [...] Son impulsion vient du commencement venu au monde à l'heure de notre naissance et auquel nous répondons en commençant du neuf de notre propre initiative. »

Les humains doivent mourir, mais ils peuvent tuer. Certes. À rebours, les humains sont nés, c'est un fait irréversible, mais ils peuvent inventer, découvrir, créer, agir, commencer à nouveau, faire naître à leur tour.

« La vie de l'homme se précipitant vers la mort entraînerait inévitablement à la ruine, à la destruction, tout ce qui est humain, n'était la faculté d'interrompre ce cours et de commencer du neuf, faculté qui est inhérente à l'action comme pour rappeler constamment que les hommes, bien qu'ils doivent mourir, ne sont pas nés pour mourir, mais pour innover. »

Et Arendt ajoute :

« Le miracle qui sauve le monde, le domaine des affaires humaines, de la ruine normale, naturelle, c'est finalement le fait de la natalité ».

Par rapport à la mort, la naissance *ne se suffit* pas. On meurt une fois pour toutes, mais on n'en a jamais tout à fait fini de naître. Car au fait brut et absurde d'être nés, nous répondons par l'action, par la parole, par l'initiative, qui sont autant de manières d'attester et d'*interpréter qui* nous sommes, autant de manières d'affirmer et de *réaffirmer notre désir* d'exister. Comment penser cette réaffirmation (Arendt écrit « confirmation ») de notre condition existentielle ? Dans les termes de Ricœur, à la question vertigineuse « pourquoi suis-je-tel ? » il n'y a pas de réponse, mais seulement la riposte d'une attestation qui en est comme la répétition affirmatrice : « Soit, que je sois tel ! » Et plus tard, parlant du fait parfaitement contingent qu'il soit né dans un milieu protestant, il disait avoir « fait du hasard un destin par un choix continu ». Que faisons-nous de ce qui nous est arrivé à notre naissance ? Il y a certaines choses que nous refusons de confirmer, d'approuver, parce que nous voudrions qu'elles n'aient pas été, et que nous pouvons nous en détacher. Mais il y a d'autres choses que nous ne pouvons ni jeter ni échanger comme on changerait de chemise : nous devons faire avec. Nous ne pouvons que les interpréter.

Cette répétition affirmatrice m'évoque le propos de Kierkegaard dans *La reprise* :

> « Quand on fait le tour de l'existence, on doit s'apercevoir, si on a le courage de le comprendre, que la vie est une reprise dont on a plaisir à se réjouir. Celui qui n'a pas fait le tour de la vie, avant de commencer à vivre, n'arrivera jamais à vivre. »

Cette reprise, si elle est possible, nous rend heureux. C'est encore l'idée de l'éternel retour chez Nietzsche. Imaginons que tout ce que nous avons vécu doive revenir et se répéter indéfiniment : chaque geste porte alors le poids d'une insoutenable responsabilité, et c'est bien la pierre de touche de l'éthique nietzschéenne, que nous ne devons vivre que ce que nous accepterions de vivre un nombre infini d'autres fois. Le problème n'est plus ici de ne pas parvenir à faire le bien que nous voulons, mais de vouloir vraiment ce que nous faisons.

Dans un commentaire explicite de l'idée nietzschéenne de l'éternel retour, aux premières pages de *L'insoutenable légèreté de l'être*, Kundera affirme que hélas ! c'est moins la pesanteur de l'éternel retour que la légèreté de l'être qu'il nous faut affronter : parce que tout est contingent, fugace, éphémère, et n'arrive qu'une fois, cette absence totale de fardeau fait que nos vies sont trop légères.

> « L'homme ne peut jamais savoir ce qu'il faut vouloir, car il n'a qu'une vie et il ne peut ni la comparer à des vies antérieures ni la rectifier dans des vies ultérieures. »

Et pourtant cette vie en première fois, sans seconde chance, c'est bien la seule que nous puissions affirmer et confirmer, comme un hasard approuvé.

Au beau milieu d'une famille

La naissance nous fait survenir au beau milieu d'une famille, et en tout cas au beau milieu de la vie de notre mère, et c'est certainement d'abord pour elle que cette naissance, qui n'est pas la sienne, change radicalement quelque chose. Mais avant de considérer ce que la naissance change pour la mère, pour le père aussi, pour les frères et sœurs, pour les grands-parents, et le déplacement général qu'elle induit, il faut remarquer que les liens liés à la naissance sont des liens non choisis. Je ne choisis pas mes parents, pas plus que mes parents ne m'ont choisi, je ne choisis pas mes frères et sœurs, et c'est peut-être ce qui fait le cœur de l'idée de fraternité. Cette famille me donne mon nom, qui ne dit pas grand-chose et beaucoup pourtant déjà de ma généalogie, de ma « patrie », de ma langue et tradition d'origine, aussi estompées me parviennent-elles. Et puis avant même que j'en aie la moindre conscience, celles et ceux qui m'accueillent m'ont déjà donné un prénom, auquel j'ai appris à répondre, à me cacher ou à me montrer. Ce prénom, ce nom, je vais les incorporer à ma chair, ils deviendront moi. Me voici.

En ce sens là encore, on peut dire que la naissance nous coince. Elle nous coince dans un milieu donné, dans une situation familiale. Cette situation familiale, chaque fois singulière et issue d'une histoire tout à fait contingente, qui aurait pu être complètement autre, donnera cependant la configuration primordiale de ma vie, sans doute plus lourde de destinée que toutes les constellations astrales de ma naissance.

Dans le même temps, en arrivant au beau milieu de cette situation, de cette configuration plus ou moins stabilisée, l'enfant bouscule tout. C'est le grand déplacement ! Le nouveau-né nous rend mère ou père, ou grand-parent, ou oncle ou tante, ou grand frère ou grande sœur, il nous déplace tous, d'un coup. On le sait, mais on ne le réalise pas tout de suite. Le nouveau-né est un invité qui reste, qui s'installe, et c'est après coup, peu à peu, et parfois bien après, qu'on réalise tout ce qui a été changé. Il est probable que l'enfant sera un jour à son tour déplacé par l'arrivée de nouveaux venus. Car pour les frères et sœurs, un nouveau venu, c'est un nouveau dernier, et la place de petit dernier peut toujours être décalée.

Ce qui demeure étonnamment fixe dans ces déplacements, c'est la place de l'aîné. Le fait d'être aîné est également un fait contingent et absurde, et il faut le distinguer du droit d'aînesse : il ne correspond à aucun choix, à aucune élection, et comme la place de petit dernier, il est souvent néanmoins l'objet de bien des jalousies. Heureux ceux qui sont prêts à vendre leur droit d'aînesse pour un plat de lentilles, comme Ésaü le fit dans la Bible au profit de son frère Jacob ! Mais peut-on vraiment le vendre ? La situation se complique en cas de famille recomposée, car la naissance ici inaugure une nouvelle série, où le dernier est en même temps le premier. Il faut beaucoup de tact et de bienveillance dans la répartition des places, pour que les premiers enfants ne se sentent pas relégués, ni jetés hors du nouveau foyer, ni retenus malgré eux dans un foyer où ils ne se sentent plus complètement chez eux. On est si souvent à contre-pied des questions neuves portées par les générations montantes...

Qu'est-ce que la naissance change pour la mère ? Quand nous tuons, quand nous donnons la mort, nous ne *savons* pas ce que nous faisons. L'inverse n'est pas moins vrai. En donnant naissance, la mère ne *sait* pas ce qu'elle fait, la naissance d'un être dépasse tout entendement, même et d'abord pour l'être qui l'enfante. C'est comme un miracle, que tout ait pu s'enclencher jusqu'à l'accouchement, de manière aussi prévue, le plus souvent de manière à la fois aussi involontaire et aussi parfaite. Mais la mère, si elle ne sait pas, *sent* tout ce qui se passe, elle fait l'expérience de son corps traversé par un autre corps, un corps tout autre qui s'est en quelque sorte bouturé sur son propre corps. Elle accouche dans une douleur et une joie excessives, qui ne cessent de s'occulter l'une l'autre si j'entends bien les témoignages qui m'en ont été rapportés – c'est bien là une expérience primordiale et qui m'est impossible, je veux dire à moi qui suis né garçon. J'entends aussi que la mère est débordée par ce qui lui arrive, qu'elle touche en même temps à sa propre naissance et à sa propre mort.

L'écrivaine Ingrid Thobois, dans son livre sur la maternité, raconte que les mères ayant été enceintes conservent, avec l'ADN de leur fœtus, une certaine empathie foncière, une capacité à se mettre à la place d'autrui. Elles demeurent à vie comme « habitées ». La solitude n'est pas la même avant et après la naissance. Elle rapporte aussi l'apprentissage de cette délicate « communication entre personnes n'ayant ni la même échelle du monde, ni le même rapport au temps et à la satisfaction du désir, ni la même conception du calme, de la sécurité, du propre, du bon, du beau, du propice, du nécessaire ». Par la maternité comme par la paternité, on se sait avec et pour autrui, on trouve en un autre comme un prolongement de soi. « Je suis mon fils », écrivait Levinas. Mais dans le même temps l'enfant est vraiment tout autre, et on fait avec l'enfant l'expérience de l'altérité. Dès la naissance il y a émancipation, une forme d'existence autonome.

Ingrid Thobois raconte encore qu'avant la naissance de ses enfants, elle craignait la mort, mais qu'une fois mère, elle est devenue indifférente à sa propre disparition. On peut dire que c'est paradoxal, mais cela dit quelque chose d'important sur notre condition. J'ai comme père une expérience assez voisine, avec le sentiment immédiat, brutal, à la naissance de mon premier enfant, que je n'avais plus besoin de courir. Je sentais presque physiquement que tout le temps qui me restait avant la mort était du temps *en plus*, et que c'était lui, le nouveau-né, maintenant, qui courait pour la vie. J'éprouvais une sorte de détachement, j'étais en roue libre. Évidemment là aussi c'est paradoxal, à chaque naissance nouvelle on est requis pour de nombreuses années de soins, d'attentions, d'émerveillements, parfois de soucis, qui s'ajoutent à tous les autres. Mais ce sentiment, même s'il n'a pas duré, reste inoubliable. Devant le nouveau-né on se dit : voilà, j'étais là avant lui, mais il sera là après moi ; il est minuscule mais déjà il a pris le relai, et je ne peux plus que ralentir peu à peu, pour regarder mes successeurs me dépasser. Il faut que je diminue pour qu'ils grandissent.

Parlons un peu de la ressemblance. Un enfant ressemble à son père et à sa mère : ce n'est pas seulement que les chiens ne font pas des chats, et que le grain de blé génère du blé. L'extraordinaire précision par laquelle un enfant retient exactement la moitié génétique de chacun de ses parents détermine une fabuleuse ambiguïté de lecture, car on peut voir le visage selon la ressemblance au père ou selon la ressemblance à la mère. Mieux, Proust fait cette remarque, dans *À la recherche du temps perdu*, que dans la double ressemblance de Gilberte adolescente avec son père Swann et sa mère Odette, telle expression du visage, qui lui vient de sa mère, exprimait chez elle un genre de sentiment qui lui venait plutôt de son père ! Oui, les ressemblances sont vertigineuses. Mais la ressemblance s'interprète, et les enfants des mêmes parents peuvent interpréter différemment la ressemblance qui leur est donnée. Si bien qu'un enfant adopté peut avoir incorporé d'incroyables ressemblances, de mimiques, de manières d'être qui deviennent aussi sa forme. Cependant les dissemblances importent aussi, qui demandent la faculté de voir la différence, et de ne pas tout voir à sa propre image, de reconnaître les singularités incomparables. Nous apprenons ici à la fois la beauté des ressemblances qui nous rapprochent, et qui soutiennent l'empathie, et l'importance du respect inconditionnel du dissemblable, car on sait qu'on ne connaît jamais l'autre. Même les plus proches, on ne les comprend jamais complètement, on se doit de garder une réserve respectueuse.

Quoi qu'il en soit, à chaque naissance correspond un hasard approuvé, une sorte d'adoption : la rencontre entre le fait brut du hasard et l'existence approuvée. Il nous faut dire tout en même temps que les enfants arrivent, et qu'ils sont accueillis, si bien qu'on ne sait qui d'eux ou des leurs fait le plus grand chemin. La naissance est la rencontre des deux. Or cette approbation est d'abord celle des proches, que l'on peut définir avec Ricœur comme tous ceux qui ont pu être témoins de ma naissance, ou qui pourront être témoins de ma mort, et inversement. Mais de toute façon ce sont ceux qui approuvent mon existence, par leurs gestes, leurs regards, leurs paroles. Même quand ils désapprouvent mes actes ou mes dits, mes parents m'approuvent d'exister. Mais dans l'autre sens, la vieille injonction biblique « Honore ton père et ta mère » dit quelque chose de très important pour donner un sol, un socle à la succession de nos vies fugaces : honore-les, même quand tu t'éloignes d'eux, même quand ils ne te comprennent plus, même quand tu ne les comprends pas.

À chaque nouvelle naissance, une question heureuse, curieuse et étonnée est posée au nouveau venu : « Et toi, qui es-tu ? » Et son existence entière, ses paroles et ses actes tenteront d'y répondre. On peut dire cependant que le nouveau-né, par sa venue au monde, pose la question à chacun de ceux de son entourage, chacun se trouvant comme réinterrogé sur sa propre existence. Et il leur retourne en quelque sorte la question : « Et vous, qui dites-vous que je suis ? » C'est là d'une certaine manière la question enfantine par excellence, même si cette question implicite est le plus souvent posée à travers un total insouci de soi.

Les enfants ont besoin qu'on leur parle, qu'on leur montre par la parole qui l'on est et qui ils sont pour nous, qu'on les baigne longuement dans une parole confiante. C'est à cette source qu'ils ont besoin de boire, avant tout. Bien sûr, le sein maternel est comme une douce parole, mais on ne peut se borner à donner le sein dès que le bébé pleure, comme si tout manque devait être aussitôt comblé, comme si le désir, et son expression approuvée par l'autre, n'était pas lui-même un plaisir ! C'est ainsi que nous apprenons depuis la tendre enfance qu'il n'y a de plaisir que partagé, et c'est ainsi que la conversation intercale finement la parole et les nourritures.

Les enfants, dès la naissance, ont besoin qu'on réponde à leur question, à leur appel, qu'on leur dise qui ils sont et où ils sont, afin de pouvoir s'orienter et parler à leur tour. Éventuellement en différant de ce que nous disions : l'enfant semble sans cesse nous dire « vous avez dit cela, mais moi je vous dis ceci ». L'enfant ne cesse de nous surprendre, de nous offrir d'autres aperçus du monde. Ce n’est pas lui qui est étonné, c’est d’abord nous, il nous étonne, il s’écarte de nos attentes, il les déborde, il observe le monde d’un point de vue inattendu.

Le tragique des générations et la condition généalogique

En disant à nos enfants, dès le berceau, qui ils sont pour nous, nous disons surtout ce que nous voudrions qu'ils soient. Nous voudrions que nos paroles soient comme celles des bonnes fées, formulant des bénédictions, et que ces bénédictions jamais ne se transforment en maléfices. Nous cherchons à leur transmettre tout le bon, toutes les substances nutritives que nous voudrions rassembler pour leur épanouissement. Or bien souvent nous transmettons ce que nous ne voulons pas et nous ne transmettons pas ce que nous voulons. On voudrait transmettre le bon que l'on a soi-même reçu, et ne pas transmettre ni reproduire ce qui n'allait pas. On voudrait transmettre nos bonheurs et nos excellences, et ne pas transmettre nos malheurs et nos blessures. Mais si la règle d'or revient à ne pas faire à autrui ce qu'on ne voudrait pas que l'on nous fasse, avec la génération, il faudrait ne pas faire à autrui ce qu'on nous a fait. Or cela qui nous a été fait, et dont nous ne voulions pas, nous le reproduisons justement parce que nous ne savons pas l'avoir subi. Là est le mystère tragique de la transmission. Pire : le plus souvent on renforce ce que l'on aurait voulu fuir.

Les choses les plus importantes sont les plus difficiles à transmettre, et sont d'ailleurs souvent des choses qui précisément ne se transmettent pas, qu'il faut découvrir et réinventer par soi-même. Les grandes inventions de la civilisation humaine sont réitératives, on peut à la rigueur lui raconter comment on a fait, mais on doit laisser la génération montante en faire l'expérience et la réinvention pour elle-même, dans des termes neufs.

Cette question de la difficile transmission révèle un des points qui fait le tragique de la famille, car les histoires de famille comportent plus ou moins toujours une dimension tragique, et ce fut le sujet de bien des tragédies de la Grèce ancienne. Le tragique est d'autant plus terrible qu'il s'agit de grandes familles, de grandes familles de la noblesse jadis, comme de grandes familles capitalistes ou de grandes familles d'artistes, aujourd'hui. Mais il ne faudrait pas sous-estimer le tragique terrible des familles en situation de précarité, et le tragique ordinaire de toutes les familles...

Pier Paolo Pasolini est un détecteur de ce tragique, quand il décrit la jeunesse italienne malheureuse de son temps, et se demande: « Pourquoi ce malheur? » Il écrit qu'« un enfant sent tout de suite, après quelques jours de vie, si sa venue au monde a été désirée ou non », et il ajoute que si la jeune génération actuelle est si malheureuse, c'est que « leur naissance n'était pas bénie ». Pasolini revient souvent sur ce thème mystérieux du théâtre tragique grec selon lequel les enfants doivent payer les fautes de leurs parents, peu importe s'ils sont eux-mêmes « innocents ». « Les fils qui ne se libèrent pas des fautes de leurs pères sont malheureux. » Il insiste: il est juste qu'ils soient punis pour la faute qu'ils n'ont pas commise, « parce qu'ils n'ont pas su s'en libérer ».

Il faudrait que les enfants, pour briser leur destin malheureux, rompent avec les fautes de leurs parents. Or ces fautes sont d'abord des présupposés le plus souvent impensés qui les enferment. Pour Pasolini, la faute commune à tous les pères de l'Italie des années 1970, des communistes aux démocrates-chrétiens, est d'avoir partagé le présupposé que « la pauvreté est le plus grand malheur du monde ». Comment rompre avec les présupposés dans lesquels nous sommes nés ? Comment s'y arracher, partir, les quitter ? On pense à Sartre affirmant que la liberté rejette tous les conditionnements, s'arrache à tous les milieux. On pense à Gide appelant son Nathanaël à le quitter pour s'émanciper. Jusqu'à quoi faut-il s'arracher ? Peut-on jamais s'arracher à tout, peut-on tout quitter ? Est-il possible de repartir à zéro ?

Pasolini nous conduit encore plus loin dans cette détection du tragique, car il a cet œil de cinéaste pour voir ce que nous ne voyons plus : les boursouflures visuelles qui encombrent nos paysages, les objets qui nous entourent, et qui sont sans réplique, *indiscutables*, plus indiscutables que les parents, que les enseignants, et même que les camarades. À le lire, on pense à certaines chambres d'enfant remplies de formes et d'objets soi-disant enfantins, auxquels nous ne prenons pas garde. Et même si dans ses premiers souvenirs Pasolini ne voit qu'un rideau ennuyeux, il écrit :

> « L'éducation donnée à un enfant par les objets, par les choses, par la réalité physique – en d'autres termes par les phénomènes matériels de sa condition sociale – rend cet enfant, corporellement, ce qu'il est et qu'il sera tout au long de sa vie. Ce qui est éduqué c'est sa chair même, comme forme de son esprit. »

Comment sortir de là ?

Mais peut-être faut-il repartir de cette condition, et reprendre l'interrogation à rebours ? Car il faut avoir la force d'accepter et de porter l'héritage pour avoir la force de vraiment rompre avec lui, de même qu'à l'inverse il faut pouvoir refuser l'héritage pour pouvoir l'accepter et le porter vraiment. Si l'on rompt avec l'héritage juste parce qu'on n'a pas la force de le porter, la rupture ne sera qu'une fuite illusoire, on sera rattrapé par un passé qui ne passe pas.

Toute naissance nous replace sur la délicate frontière entre le nouveau et l'ancien. Et de même que nous devons, à chaque génération, réinterpréter la différence des sexes, nous devons réinterpréter la différence des générations – souvent occultée aujourd'hui par une terrible ségrégation des générations. On devrait même parler d'un perpétuel décalage des générations. Chaque génération répond, parfois avec véhémence, aux questions soulevées par la génération précédente, et soulève à son tour de nouvelles questions, qu'elle ne perçoit souvent même pas ! Il serait sage de reconnaître ce perpétuel décalage entre l'Ancien et le Nouveau, sinon on risque de se bloquer sur une question, sans laisser place aux questions montantes, aux questions qui se lèvent et grandissent... Or chaque enfance porte en elle des interrogations inédites.

L'Ancien approuve, il autorise, il fait place à l'autonomisation et l'émancipation de la génération montante. Cela exige la faculté de *don-*

ner, et à la limite même la faculté de *perdre*. L'Ancien, en transmettant, accepte de s'effacer, de céder la place, de se laisser dépasser pour que l'héritier s'émancipe. Il renonce à prétendre garder la main jusqu'au bout, à tout retenir parce que personne ne doit le supplanter, et que personne n'est à la hauteur ! Il accepte sa finitude. Il accepte pleinement d'être né, d'avoir répondu au fait d'être né en créant et faisant naître, mais il accepte aussi de devoir mourir, sans pour autant détruire tout ce qui pourrait lui survivre ! Ou, moins dramatiquement, sans déprécier la vie qui continue. L'Ancien donne d'autant plus volontiers qu'il reconnaît avoir reçu, et avoir vécu.

Le Nouveau, quant à lui, ne s'émancipera qu'à proportion qu'il pourra reconnaître ce qui lui a été donné. Le signe de l'émancipation, c'est la capacité à se retourner vers nos prédécesseurs avec gratitude. C'est de reconnaître ce que nous avons bu avec le lait de l'enfance, pour le pire et le meilleur, cette part d'enfance que nous portons en nous. Cela exige la faculté de *recevoir*, et à la limite la faculté de *prendre*, au moins de prendre part, en acceptant d'avance d'un jour donner et perdre à notre tour... Il faut que l'Ancien ait de quoi résister à son écrasement par le Nouveau, s'il veut lui donner un sol solide, mais il faut que le Nouveau ait de quoi résister à son étouffement par l'Ancien, s'il veut lui donner une suite vivante ! Et c'est cette résistance mutuelle qui est au cœur de ce qui fait la créativité des sociétés, la dialectique de la tradition et de l'innovation, leur entrelacs.

Le nouveau-né, disions-nous, n'est ni la reproduction du même, la copie affaiblie d'un original idéal, ni la production par soi d'un soi meilleur. Il est un mixte de transmission et de novation, par la recombinaison aléatoire de deux codes génétiques entrelacés. Mais ce qui enjambe le hiatus des générations entre la mort à venir des uns et la naissance déjà passée des autres, c'est la parole qui l'accueille. C'est la plénitude orale des voix maternelles ou paternelles, le plaisir du conte, le chant qui fait que l'enfant n'est pas nourri de lait et de pain seulement, mais de paroles qui lui donnent confiance dans sa propre parole. C'est ainsi que les paroles donnent leur forme et leur chair à l'enfance. Et c'est ainsi que toute naissance est racontée, accueillie dans un récit et raccordée au récit des générations antérieures, pour être un jour reprise par l'enfant comme son intrigue propre.

Les êtres humains, qui sont des êtres parlants, ne peuvent vivre, se dresser et se tenir debout que dans un monde où leur parole est créditée, accréditée. Comment sont-ils, à la fois à leurs propres yeux et aux yeux de leurs interlocuteurs, rendus crédibles ? Qu'est-ce qui permet à leurs paroles et à leurs actes si fugaces de ne pas être immédiatement dissous, effacés comme si de rien n'était ? Les enfants ne peuvent grandir en confiance que dans un monde où la parole et le langage sont suffisamment fiables. Comment établir cette confiance, en dépit du tragique de la transmission, de la famille, du décalage des générations ? Il faut bien que le langage et l'ensemble des traces laissées par les vies passées puissent être réaménagés et réinterprétés à chaque génération, et permettent ainsi d'enjamber la mort et la naissance pour autoriser la succession des êtres parlants que nous sommes.

Nous ne pouvons jamais nous placer au commencement, ni d'ailleurs à la fin. Nous survenons, disait Ricœur, « au beau milieu d'une conversation qui est déjà commencée et dans laquelle nous essayons de nous orienter afin de pouvoir à notre tour y apporter notre contribution ». Cette insertion dans un monde en quelque sorte déjà installé, demande à être instituée. Comment faire place à un être nouveau, qui nous déplace, et qui devra même un jour nous remplacer ? C'est ce que nous pouvons appeler notre condition généalogique. La vie a besoin de prendre des formes, et ces formes, pour les vivants parlants que nous sommes, sont aussi des institutions. Le remplacement des générations doit être institué, pour que le grand protège le petit et n'en abuse pas, pour qu'il l'autorise et l'approuve de grandir, et lui fasse place, pour que le petit devenu grand à son tour se reconnaisse à sa place dans une succession, où la vie avait commencé bien avant lui, et continuera après lui. Cette institution généalogique des générations est comme un théâtre plus durable que nos vies éphémères. C'est elle qui donne le cadre de nos interprétations, ce « théâtre d'apparition mutuelle » par lequel Hannah Arendt définissait le monde – ce monde humain où chacun est autorisé à se montrer, à tenter d'interpréter, devant les autres, *qui* il est, comment il interprète le fait brut et presque insoutenable à l'état pur d'« être né ». Mais après avoir approuvé et autorisé chacun à montrer de quoi il était capable, l'institution est justement ce qui opère le plus difficile, ce qui autorise chacun à décrocher, à faire place et s'effacer devant les suivants.

Une condition langagière

Nous sommes nés dans une famille, avec un prénom et un nom, mais aussi à une date donnée et en un lieu donné. Ici encore, nous sommes nés dans un coin bien étroit du monde ! En quoi est-ce important ? Le jour et le mois reviendront à chaque anniversaire, comme un temps cyclique de recommencement, mais l'année dit notre point de départ irréversible. La date de naissance en ce sens dit notre génération, ceux avec qui nous avons grandi, ceux que les événements communs ont touchés au même âge de la vie. Il arrive que des drames collectifs aient frappé toute une génération. Parfois ce sont juste les mêmes objets ordinaires, des jeux, des usages, des images, qui datent d'un moment particulier de l'histoire commune. Souvent ce sont aussi des découvertes partagées, des musiques, des manières de s'habiller, des mouvements d'idées, de formes, le sentiment d'inventer ensemble quelque chose de nouveau, d'inédit. Mais peut-être que celles et ceux qui sont nos vrais contemporains sont surtout ceux avec qui nous partageons les mêmes questions, les mêmes interrogations majeures. Et ce sont parfois des remises en question portées par les plus jeunes à l'égard des réponses apportées par les anciens aux questions de leur propre jeunesse.

En prenant conscience de notre génération, nous prenons conscience de son étroitesse dans le temps, par rapport au caractère innombrable de nos prédécesseurs et de nos successeurs. Ce qui est imprévisible pour nous sera de l'ordre de l'irréversible pour nos successeurs. Ce qui est irréversible pour nous était imprévisible pour nos prédécesseurs. Mais nos prédécesseurs avaient des irréparables que nous ne comprenons déjà plus ; et nos successeurs auront des imprévisibles qui nous sont inaccessibles. Il nous faudrait un énorme travail pour nous défaire de la forme prise par nos peurs et nos espérances, nos deuils et nos interrogations, de manière à simplement pouvoir nous approcher des générations passées en sondant ce que pouvaient être leurs expériences et leurs questions vives.

De même que notre date de naissance, notre lieu de naissance dit beaucoup de notre condition. Il nous ancre dans un contexte, un paysage, dans un milieu, une langue, une culture. Ce décor de hasard, là aussi, formera le théâtre partagé par tous ceux de la même génération nés au même endroit. Ce sera leur théâtre de vie. Bien sûr le moindre lieu fait partie du monde commun considéré comme universel, mondial, et planétaire. Mais dans le même temps, ce lieu est vécu à travers un milieu social et culturel, dans le langage duquel le monde a déjà été *interprété* quand nous commençons à vivre. Et c'est avec ce langage que nous allons réinterpréter le monde à notre tour.

C'est cette condition interprétative qui m'importe ici, que nous n'avons cessé d'examiner sous tous ses profils : le besoin d'interpréter le fait d'être nés, et mortels, d'interpréter nos ressemblances et nos dissemblances, d'interpréter la différence des sexes comme les différences de génération, et de les réinterpréter à chaque génération, et dans chaque existence singulière. C'est elle que nous voudrions regarder en face, comme étant la condition de la vie même de nos cultures humaines, ce que Ricœur appelait la « fidélité créatrice ».

Il refusait ainsi le dialogue de sourds entre les tenants d'une tradition qui ne pourrait que se répéter ou s'affaiblir, et les tenants d'une innovation créatrice qui ne pourrait se faire que sur une table rase. Mais que serait un écart par rapport à zéro ? Qu'on le veuille ou non, on s'inscrit dans diverses traditions, on s'appuie sur des apports antérieurs, et on y puise nos matériaux et nos formes. Dans le même temps, il n'y a de tradition vivante que si l'on s'en écarte pour la réinterpréter, et inventer librement sans se retourner sans cesse pour vérifier qu'on est bien dans la tradition. Nos cultures, nos mœurs, nos langues, nos arts sont ainsi pris dans une incessante dialectique de la sédimentation et de l'innovation.

Si l'humanité ne formait qu'un seul Homme, qui ne cesse d'apprendre et de grandir, tout serait cumulatif, on n'oublierait jamais rien, on n'aurait pas besoin de réinventer. C'est le cas sans doute de certaines découvertes scientifiques, ou techniques, comme la roue ou le feu. Mais la plus grande partie de nos cultures est soumise au drame de la mort et de la naissance, au fait qu'il n'est pas de naissance et de croissance sans déclin et deuil. C'est pourquoi il n'y a pas une seule civilisation, mais *des* cultures, une pluralité de cultures plus ou moins simultanées, et une pluralisation interne des cultures par le chevauchement de générations prises au jeu plus ou moins conflictuel entre l'héritage et l'invention.

Cette condition est évidente dans le cas de la dialectique entre la langue et la parole. D'une part j'ai une langue maternelle, qui me tient au corps et me limite, et le langage m'apporte les expériences et inventions des générations antérieures dont les expressions se sont accumulées depuis la nuit des temps. Mais d'autre part, par la parole, je réinterprète mon langage et lui fais exprimer des situations inédites, dans un monde qui a changé. Le pouvoir de la parole est surprenant, car je peux hasarder un usage d'un mot complètement nouveau, et voir cet usage néanmoins attrapé au vol et compris par mon interlocuteur. Et il est possible que cette expression neuve à son tour soit un jour déposée dans les usages habituels du langage.

Cette condition touche toute notre existence. Nous appartenons à notre culture, à notre civilisation comme nous sommes nés au monde avec un corps. Ce sont des choses qui ne dépendent pas de nous, et il ne dépend pas plus de moi d'avoir une *autre* histoire, une autre langue maternelle, que d'avoir un autre corps. Si la condition natale nous rappelle à la modestie et à l'étroitesse de nos points de vue, les religions elles-mêmes ne sont pas des croyances à évaluer sur une échelle épistémologique ni des opinions parmi lesquelles nous opterions après délibération, et dont on pourrait changer comme de chemise. Pierre Bayle, dans son *Dictionnaire historique et critique* en 1697, écrivait :

« S'il arrivait que les chrétiens et les Turcs fissent échange de leurs enfants à la mamelle, ceux des chrétiens seraient tous mahométans et ceux des Turcs chrétiens. »

Et Ricœur écrivant que son appartenance à la confession protestante est un hasard transformé en destin par un choix continu, ajoutait un peu plus loin :

« Une religion est comme une langue dans laquelle ou bien on est né, ou bien on a été transféré par exil ou par hospitalité ; en tout cas on y est chez soi ; ce qui implique aussi de reconnaître qu'il y a d'autres langues parlées par d'autres hommes. »

D'où sa superbe affirmation :

« Pour avoir en face de soi un autre que soi, il faut avoir un soi. »

Il s'opposait ici à un monde où il n'y aurait « plus que des autres », dans une sorte d'interchangeabilité universelle, où la condition humaine ne serait plus qu'une condition touristique généralisée. La condition touristique, c'est précisément le refus d'être né. Le tourisme comme idéal de société et de culture, celui que nous propose le capitalisme comme stade ultime de l'humanité, c'est l'illusion de croire que l'on peut se promener dans tous les mondes, et dans tous les temps, pour les comparer et choisir celui qui nous va le mieux, sans s'attacher nulle part. Les formes de vie portées par les cultures sont ici vues de l'extérieur, comme des formes mortes, dont on a auparavant évacué les fidélités créatrices. Accepter d'être né, c'est indissociablement accepter notre appartenance au monde où nous avons vu le jour, et accepter la distance qui nous oblige à le réinterpréter librement.

La condition du politique

Jusqu'à maintenant, j'ai cherché à montrer tout ce qu'implique le fait d'être né, tout ce que nous recevons à la naissance, et que nous ne cessons de réinterpréter. En ce sens, je voulais montrer que même si c'est pour une seule fois, et que tout cela est contingent et aurait pu être autre, la vie est engagée avec une certaine densité de conditions qui sont en quelque sorte comprises dans la condition natale. Certes à plusieurs reprises j'ai fait le détour de la protestation, sinon de la révolte contre cette condition, mais finalement ces protestations et refus ont été comme repris dans une approbation plus profonde et plus large. Là cependant où la naissance peut être la plus révoltante, c'est par son caractère inégalitaire. C'est par la place où elle nous situe dans la société, dans le partage de l'avoir, du pouvoir, du savoir, du valoir, des avantages et des désavantages du corps, de l'esprit, de la santé, de l'affection, des bénédictions. Les expressions le disent bien, « être né avec une cuillère d'argent dans la bouche », « être né coiffé », « être né sous une bonne étoile »...

Que faisons-nous des inégalités de naissance ? Comment les justifions-nous ? Dans sa *Comédie de la nativité*, Marguerite de Navarre, sœur de François Ier et autrice de l'*Heptaméron*, raconte comment Joseph et Marie sont tour à tour refusés à Bethléem par des nobles parce que trop rustres, par des riches parce que trop pauvres, et par des fêtards parce que anxieux et pas assez joyeux !

En effet, la première manière de traiter les inégalités de naissance est de les consacrer, par des systèmes de castes où l'on est enfermé dans sa condition de naissance, ou par des systèmes dynastiques de féodalité, par lesquels on est par naissance inférieur ou supérieur, dans un ordre vertical et immuable où chacun vient à sa place remplacer celui qui le précède dans cet ordre. Cet ordre est d'ailleurs pensé comme un ordre de droit divin. Ici la naissance, et son institution généalogique par le « sang », définit l'ordre social. Nombreux encore sont ceux qui se prévalent de leur ascendance, dynastique, ou ethnique, ou autre. À ceux-là jadis il avait déjà été répondu : n'allez pas dire « Nous avons Abraham pour père ; car je vous dis que Dieu peut, de ces pierres, susciter des enfants à Abraham » (Mt 3,9). Mais nul n'est prophète en son pays !

D'une certaine manière, l'idée de « Nation », qui vient de cet ordre « de naissance » qui serait l'ordre « naturel », n'est que la sécularisation et la « démocratisation » de cet ordre, où c'est le corps du peuple en Nation qui est tout entier infusé de divin, sinon substitué au divin. C'est l'âge du contrôle des naissances, et de la prophylaxie des maladies infantiles, c'est aussi l'âge des politiques démographiques et coloniales, et bientôt l'âge des génocides, qui dépolitise et déshumanise la naissance au point d'incarcérer les personnes dans leur généalogie, pour les expulser ou les supprimer. On peut être punis pour le seul fait d'être né tel ou tel, de telle ethnie, ou langue, ou religion, ou nation. Si l'on mesure les centaines de millions de victimes depuis le début du XIXe siècle, les nationalismes portent toujours ce genre de démons, et ils étaient le plus souvent déjà le germe de ce qu'on a appelé les guerres de religion.

Toujours dans cet ordre d'idées, l'angoisse du « grand remplacement » des tenants des idéologies nationalistes les rend ironiquement aveugles au véritable grand remplacement, où les nouveaux venus, les vrais envahisseurs barbares, sont moins les réfugiés que les nouveau-nés. Nos propres enfants nous sont à certains égards plus étrangers que nos contemporains les plus éloignés. Pour apprivoiser leur barbarie, et en faire une énergie bénie, il faut d'abord qu'ils arrivent et soient accueillis un à un, et il faut ensuite les approuver d'exister, et non les traiter comme superflus, encombrants, ni prétendre les choisir, les sélectionner, les trier sur le volet. Cette double condition est valable pour tous les primo-arrivants, car ils sont tous dans cette condition d'être à la fois démunis, livrés à notre hospitalité, et dans le même temps remplis de capacités prometteuses ou menaçantes. L'exil, le moment où l'on reprend pied sur une autre plage de nos existences, est comme une nouvelle naissance – ce n'est pas un hasard si les religions de *born again* sont des religions de rescapés.

L'autre grande manière de traiter les inégalités de la naissance a été de les nier, de les ramener à des lots que l'on pourrait en quelque sorte ensuite échanger, dans une permutation universelle. Mais si tout cela n'est qu'une distribution hasardeuse de « chances », nous voilà pris par une religion de la Fortune, et un sentiment de loterie générale envahit la société. Face à cela, l'universel marché est ce jeu où tout peut s'échanger, tout peut s'acheter et se vendre. On n'est plus coincé dans sa condition de départ, tout est permutable. C'est la force du capitalisme d'avoir su canaliser cette angoisse, ce sentiment de loterie injuste, et de l'avoir retournée pour en faire l'énergie d'un système où les gagnants sont convaincus d'être les meilleurs, les élus, dans un modèle de société hyper individualiste, où l'on ne doit rien à personne.

Je me risque à dire que le grand péril ici n'est plus, comme dans les génocides et les purifications ethniques, d'incarcérer les sujets humains dans leur condition natale, dans le fait d'être né tel ou tel, mais à l'inverse le risque de traiter comme superflus tous ceux qui n'ont pas su trouver leur place sur le marché ni réussi à s'accrocher dans la centrifugeuse des échanges accélérés. Leur existence est trop légère. Tous ceux-là, qui ne sont ni utiles ni solvables, devraient disparaître, être éliminés. Mieux : il aurait simplement mieux valu qu'ils ne soient pas nés. L'accusation est ici radicale, elle ne porte plus sur une faute, ni même sur une « qualité » de naissance, mais simplement sur le fait d'exister. Notre société est formidablement organisée pour donner à une grande partie de la population le sentiment qu'elle est superflue, qu'il aurait mieux valu ne pas naître. Et pour traiter de larges pans de l'humanité comme un rebut inutile, qu'il vaudrait mieux supprimer.

Comment défendre la démocratie face à ce double péril ? La révolte pourrait endosser la formule « Après tout on n'a rien demandé, on n'a rien choisi ! » pour revendiquer le fait de n'avoir aucun devoir, mais beaucoup de droits. En tout cas le droit de se plaindre, de récriminer, d'accuser les auteurs de nos jours, ou bien la société dans laquelle on est nés, et aux termes de laquelle nous n'avons jamais souscrit. Bref, on voudrait résilier le contrat et le redéfinir à nouveaux frais. En tout cas chacun fait de lui-même ce qu'il veut – et aussi de l'autre, tant que l'autre est d'accord. Il faut arrêter de voir du tragique partout, rien n'est fatal et la vie est « fun ». C'est là le fond de la morale néolibérale, qui s'oppose à une morale traditionnelle qui voudrait nous astreindre à l'ordre symbolique établi. Le problème ici est que l'on fait de l'ingratitude le ressort de nos existences et de nos sociétés, en refusant cet infini mutuel endettement qui tisse les réalités humaines. C'est aussi que l'on fait croire à nos contemporains qu'ils disposent d'une sorte de liberté radicale, un peu puérile, qui tôt ou tard se fracasse contre ses limites.

Il me semble que le chemin de la démocratie procède autrement que tantôt par cette sacralisation de nos conditions de naissance, tantôt par leur déni généralisé. Si l'on veut briser la reproduction de la misère et du malheur, la contamination et la perpétuation des inégalités de naissance, il vaut mieux les reconnaître, les connaître, les comprendre. C'est précisément le rôle des institutions, l'École, les institutions de la santé, mais aussi les piscines et les stades, le scoutisme, les bibliothèques et les chorales, etc., que de mettre des écrans pour créer des milieux protecteurs, et de redonner une chance à chacun. Chaque chance redonnée rejoue la naissance. Le sens des institutions, dans leur pluralité, est de multiplier les scènes où chacun peut montrer à nouveau de quoi il est capable, et interpréter qui il est.

On peut encore aller plus loin, et dire que le cœur de l'idée démocratique est l'idée que chacun de nous pourrait être né dans une autre condition, une autre langue, un autre pays, que la naissance n'est en rien un mérite, ni notre choix, ni notre œuvre, mais un hasard. Jacques Rancière montre ainsi l'importance du tirage au sort au cœur de cette utopie de démocratie radicale qui traverse toute l'histoire humaine. Une dose de tirage au sort dans tous nos concours, dans toutes nos cooptations, dans tous nos choix, briserait l'assurance des élus, qui se croient vite les meilleurs, et nous rappellerait les hasards de la naissance, de la chance et des opportunités.

Pour qu'elles soient justes, nous devons donc établir les règles de notre société comme si nous pouvions être nés dans une autre condition. L'idée de démocratie est ainsi liée à l'idée d'un possible recommencement où les rôles, les places, les dettes, les parts, seraient en quelque sorte repartagés et redistribués : c'est une idée que l'on trouve dans le Jubilé du livre biblique du Deutéronome (Dt 5,15), ou dans les réformes de Clisthène en Grèce ou des Gracques à Rome. Elle est aussi liée à l'idée d'un voile d'ignorance, comme d'un rideau, derrière lequel nous serions placés, pour fixer les règles du jeu, avant d'entrer en scène et de découvrir le rôle qui nous est échu. Cette idée, on la trouve chez Platon, chez Rousseau, et chez un philosophe américain de la justice qui s'appelle John Rawls : derrière ce voile, et placés en amont de notre propre naissance, nous choisirions la règle la moins défavorable aux plus défavorisés. Penser et repenser la naissance est bien à la racine perpétuellement renouvelée de la démocratie.

Poétique de la naissance

Nous pourrions être nés autres que nous sommes. Cette possibilité politique est d'abord poétique, et convoque l'imagination. C'est cette possibilité que la poésie et la littérature n'ont cessé d'interpréter. Car nous ne cessons de naître et de renaître, de recommencer notre vie, à chaque rencontre, à chaque découverte qui nous fait voir le monde autrement. Nous pouvons dater dans nos vies des rencontres bouleversantes, des joies, des idées, qui sont de véritables naissances, où d'une certaine manière tout nous apparaît autrement. C'est d'abord cela, la naissance, car ce qui est « mis au monde » à chaque fois, c'est un nouveau point de vue sur le monde. Et la condition de possibilité pour qu'il y ait monde, c'est cet apparaître mutuel, ce comparaître, qui fait la densité en points de vue divers sur le monde.

Le monde est toujours déjà là, il nous précède, nous survenons au milieu d'un monde plus durable que nous-mêmes et qui demeurera après nous, et c'est bien ce qui nous fait accepter la fugacité de nos existences. Et pourtant, d'une certaine manière, avec chaque nouveau-né le monde recommence, les cieux et la terre sont comme nouveaux. À chaque nouvelle naissance, nous sommes prêts à recommencer le monde avec le nouveau-né.

La poésie et la littérature multiplient à foison cette expérience. Avec la lecture, nous nous donnons le sentiment et la quasi-expérience que nous venons de mille enfances, et que nous avons mille vies. Si nous remontons le cours de nos vies, nous devons remonter tous les affluents, jusqu'aux moindres, qui n'en sont pas moins nos sources. Et jusqu'à la fin de notre vie nous ne cessons de recevoir de nouveaux affluents, qui parfois nous submergent et nous bouleversent par leurs eaux neuves. Les frontières entre notre vie et celles des autres vies s'estompent et les vies se mêlent.

Une neuve subjectivité peut naître d'une image poétique. « La rêverie nous met en état d'âme naissante », écrivait Gaston Bachelard, et toute image poétique « manifeste une naïveté première » ; « par la grâce du poète nous sommes devenus le pur et simple sujet du verbe s'émerveiller ». Ce sont là des rêveries vers l'enfance cosmique et fabuleuse, car toute enfance est « naturellement fabuleuse ». Tout enfant est orphelin des dieux, écrivait-il encore. Mais la véritable naïveté est toujours seconde. C'est comme une seconde naissance, un étonnement, une chance redonnée à chacun, à chaque rencontre, à chaque lecture, et c'est ainsi que nous venons de mille commencements. Lire, c'est suspendre notre existence et l'exposer à des expériences autres qui peuvent la réorienter de fond en comble, c'est mettre notre soi entre parenthèses pour recevoir du texte « un soi plus vaste ». C'est sortir de notre coin, pour tenter de s'imaginer à la place des autres, et s'imaginer dans tous les coins.

La naissance peut s'insérer dans un tissu narratif où elle est racontée. Elle peut s'instituer dans l'ordre généalogique et juridique. Elle peut être prophétisée comme une bonne nouvelle qui va tout changer. Elle peut être invoquée dans l'hymne poétique. On peut ainsi en faire varier tous les genres littéraires. Mais je voudrais finalement la reprendre encore une fois sur le mode interrogatif. Ce n'est pas seulement la question : « Qui dites-vous que je suis ? » C'est que la suite des générations est un incessant remplacement des questions anciennes par des questions neuves. Parce qu'il y a des enfants qui grandissent, les vraies questions sont toujours neuves. C'est la puissance subversive de l'enfant qui naît, et Jean Birnbaum estimait qu'il n'y a « pas plus socratique qu'un bébé » ! Seuls les enfants changent le monde, simplement par leurs questions, des questions pures, juste pour savoir, pour comprendre. Toute interrogation véritable nous donne une naïveté seconde, toute interrogation véritable est une enfance. C'est la vertu proprement poétique d'une question si vive qu'elle peut suffire à engendrer un sujet.

Jean-François Lyotard écrivait :

> « L'enfance est l'état de l'âme habitée par quelque chose à quoi nulle réponse n'est jamais faite,

> [habitée par l'arrogante fidélité à une dette] dont seul le sentiment persistant, le respect, peut sauver l'adulte de n'être qu'un survivant, un vivant en sursis d'anéantissement. »

Et il poursuit, dans le prolongement de Hannah Arendt :

> « Un enfant ne cesse pas de nous être né. Le naître n'est pas seulement le fait biologique de la parution, mais, sous le couvert et le découvert de ce fait, l'événement d'une altération radicale possible dans le cours qui pousse les choses à répéter le même. L'enfance est le nom de cette faculté, autant qu'elle apporte, au monde de ce qui est, l'étonnement de ce qui, un instant, n'est rien encore. »

D'où provient cette puissance d'étonnement ? Au sortir de la Première Guerre mondiale, un grand prédicateur, et donc un grand poète, Wilfred Monod, le père du naturaliste et explorateur Théodore Monod, méditait le pessimisme de Schopenhauer. À la fin du premier de ses trois gros volumes sur *Le problème du bien*, il écrivait :

« Étant donné un monde où s'entrecroisent partout, comme un buisson de baïonnettes, la souffrance, l'erreur, le péché, la mort – d'où vient le bien ? Le problème du bien le voilà, superbe, immense, dans sa colossale beauté. »

Et ce qui l'étonnait le plus, c'était, en dépit de tout, cette obstination du bon, du désir du bon, et « la joie obstinée qui sourit, prophétesse, autour des berceaux ».

Pourtant, ce bon est si fragile, si éphémère. Il est impossible de penser la naissance, de faire place aux nouveau-nés, d'élargir à nous tous le travail de l'enfantement, sans penser le deuil, l'importance pour nous tous de faire place aux morts, par un travail de sépulture. La naissance des enfants ne saurait justifier une histoire fondée sur l'amnésie, sur la table rase du passé. Mais la dette envers les morts ne saurait justifier une histoire qui ne fait pas place aux vivants, aux enfants qui vont grandir. Les deux sont indissociables. Il faut se délier du passé, par le pardon, pour se lier à nouveau vers l'avenir, par la promesse. Il faut préférer un « moindre mal » à tout détruire, et approuver le moindre bien qui tente de pousser.

Dans l'*Orestie* d'Eschyle, les puissances de la mort sont indissociables des puissances de la naissance. Les terribles Érinyes, déesses de la vengeance, comparées à des chiennes assoiffées de sang, sont sur la piste d'Oreste, meurtrier lui-même de sa mère pour venger son père. Peu à peu, elles vont être apaisées jusqu'à devenir les bienveillantes Euménides, qui veillent sur les bourgeons et les grossesses. Ce sont les mêmes puissances qui sont capables de déchaîner le mal et capables de libérer le fond de bonté qui se lève en nous devant le caractère fragile et périssable des vivants. Comme l'écrit Rilke à la fin de la quatrième *Élégie de Duino* :

> « La mort, toute la mort, la contenir en soi si doucement avant même la vie, et n'en pas devenir méchant, voilà ce qui ne se peut décrire. »

Le film de Capra *La vie est belle* commence sur fond de cloches d'une nuit de Noël, dans une ville enneigée de la côte est des É.-U., par des prières qui de partout s'élèvent, portant leur souci pour George Bailey, sur le parapet d'un pont dans la nuit, prêt à se jeter dans l'eau glacée. George semblait pourtant heureux dans son couple, ils ont eu des enfants, il semblait fier d'avoir repris la coopérative de son père et résisté à un banquier qui voulait tout racheter. Mais il est traqué par une énorme perte de trésorerie, et voit sa vie entière comme manquée. À l'« ange » venu le sauver sur le pont, il hasarde alors que s'il n'avait pas été là sa femme aurait été plus heureuse, et qu'il aurait mieux valu qu'il ne soit jamais né. Autour de cet énoncé tout bascule, car l'ange va lui donner « la chance de voir ce que serait le monde sans lui ». George va courir partout, dans un monde où il n'a pas existé. Nous avons peut-être ici une évocation du chapitre de *Walden* intitulé « le village », où Thoreau écrit :

> « C'est lorsque nous avons perdu le monde, que nous commençons à nous trouver, que nous comprenons où nous sommes, et l'étendue infinie de nos relations. »

George alors revient en courant jusqu'au pont pour supplier son ange de l'aider à sortir de ce cauchemar : *« Get me back, please, I want to live again »* (« Laisse-moi revenir, s'il te plaît, je veux vivre à nouveau »).

Un vieux pasteur, André de Robert, qui avait choisi le célibat et l'itinérance, écrivait il y a un demi-siècle :

> « Nous qui sommes sans descendance organique, je veux dire sans enfant, nous sommes les mieux placés pour comprendre ou deviner à quoi sert la vie. La vie sert à inventer de nouveaux parfums. Elle sert à produire de nouvelles formes de gratuité. »

Ma naissance n'est pas mon acte ni mon œuvre, et d'une certaine manière elle est inutile, et contingente, et superflue. Mais c'est quelque chose dont je puis rendre grâce, et la première manière d'en rendre grâce est simplement notre plaisir d'exister, plaisir qui se décline dans une infinie diversité de formes. André de Robert poursuit :

« À mesure que mon corps se détruit, mon étonnement augmente. Ce que je fais là ? Maintenant que je ne fais pratiquement plus rien ? Je m'étonne. »

Je m'étonne d'être né. Je m'étonne de chaque naissance. Qu'est-ce que donnera ce nouveau-né, lui qui déjà revient de si loin, lui qui a plié tant d'existences à son têtu désir d'exister, comme si par lui le monde commençait à tourner ?

Il donnera de quoi ébranler le jeu du monde.

Dettes
(selon leur ordre d'apparition dans le texte)

Nâzim HIKMET, *Il neige dans la nuit et autres poèmes*, Gallimard (Poésie), 1999

SOPHOCLE, *Œdipe à Colone*, vers -406

Frank CAPRA, *La vie est belle* (*It's a Wonderful Life*, 1946) (film)

Christopher NOLAN, *Interstellar* (2014) (film)

Hannah ARENDT, *Condition de l'homme moderne* [1958], Le Livre de Poche, 2020

Luc BOLTANSKI, *La condition fœtale*, Gallimard, 2004

Marcela IACUB, *Penser les droits de la naissance*, PUF, 2002

Jean-François LYOTARD, *L'inhumain* [1988], Klincksieck, 2014

Jean-François LYOTARD, *Lectures d'enfance*, Galilée, 1991

Karl MANNHEIM, *Le problème des générations* [1928], A. Colin, 2011

Emil Cioran, *De l'inconvénient d'être né* [1973], Gallimard (Folio Essais), 2008

Platon, *Le Banquet*, vers -380

Milan Kundera, *La fête de l'insignifiance*, Gallimard, 2014

Philippe Dumas, *Ce changement-là* [1981], L'École des loisirs, 1995

Paul Ricœur, « Le chemin du consentement », *Le volontaire et l'involontaire*, 1950

Rainer Maria Rilke, *Les Élégies de Duino* [1923], Seuil (Points bilingue), 2020

Søren Kierkegaard, *La reprise* [1843], Flammarion (GF), 1990

Milan Kundera, *L'insoutenable légèreté de l'être* [1984], Gallimard (Folio), 2020

Friedrich Nietzsche, *Le gai savoir* [1882], Flammarion (GF), 2020

Emmanuel Levinas, *Totalité et infini* [1961], Le Livre de Poche (Biblio Essais), 1990

Ingrid Thobois, *La maternité*, Labor et Fides, 2023

Marcel Proust, *À la recherche du temps perdu* [1913-1927]

Pier Paolo Pasolini, « La jeunesse malheureuse », *Lettres luthériennes* [1976], Seuil, 2000

André GIDE, *Les nourritures terrestres* [1942], Gallimard (Folio), 1972
Pierre BAYLE, *Dictionnaire historique et critique* [1697]
MARGUERITE DE NAVARRE, *La comédie de la nativité de Jésus Christ* [1547]
Jacques RANCIÈRE, *La haine de la démocratie*, La fabrique, 2005
PLATON, *La République*, vers -387/-370
John RAWLS, *Théorie de la justice* [1971], Seuil (Points Essais), 2009
Jean-Jacques ROUSSEAU, *Discours sur l'origine et les fondements de l'inégalité parmi les hommes* [1755], Flammarion (GF), 2012
Gaston BACHELARD, *La poétique de la rêverie*, PUF, 1960
Paul RICŒUR, *Du texte à l'action*, Seuil, 1986
Jean BIRNBAUM, *Seuls les enfants changent le monde*, Seuil, 2023
Wilfred MONOD, *Le problème du bien* [1924], Alcan, 1934
ESCHYLE, *Orestie*, -458
Henry D. THOREAU, *Walden* [1854], Le Pommier, 2023
André de ROBERT, conférences inédites.

Du même auteur

De l'humiliation, Paris, Les Liens qui libèrent, 2022 (en poche 2023).

Le vertige de l'Europe, Genève, Labor et Fides, 2019.

Pierre Bayle, Les paradoxes politiques, Paris, Michalon, 2017.

Jean Calvin et Thomas Hobbes, naissance de la modernité politique (dir. O. Abel, P.-F. Moreau, D. Weber), Genève, Labor et Fides, 2013.

Paul Ricœur, Jacques Ellul, Jean Carbonnier, Pierre Chaunu. Dialogues, Genève, Labor et Fides, 2012.

Le oui de Paul Ricœur, Paris, Les petits Platons, 2010.

Jean Calvin, Paris, Pygmalion, 2009.

Vocabulaire de Paul Ricœur, avec Jérôme Porée, Paris, Ellipses, 2007.

La conversation, Paris, Gallimard, 2006.

La juste mémoire. Lectures autour de Paul Ricœur (dir. S. Loriga, I. Ullern, O. Abel), Genève, Labor et Fides, 2006.

Le mariage a-t-il encore un avenir ?, Paris, Bayard, 2005.

Milton et le droit au divorce (dir. C. Tournu et O. Abel), Genève, Labor et Fides, 2005.

L'amour des ennemis et autres méditations sur la guerre et la politique, Paris, Albin Michel, 2002.

L'éthique interrogative, Paris, PUF, 2000.

Le réveil des anges, messagers des peurs et des consolations (dir. O. Abel), Paris, Autrement, 1996.

Paul Ricœur, la promesse et la règle, Paris, Michalon, 1996.

Pierre Bayle : la confiance dans le doute (dir. P.-F. Moreau et O. Abel), Genève, Labor et Fides, 1995.

Avrupa'da etik, din, ve laiklik, avec Serif Mardin et Mohamed Arkoun, Istanbul, Metis, 1995.

Le livre de traverse. De l'exégèse biblique à l'anthropologie (dir. F. Smyth et O. Abel), Paris, Cerf, 1992.

La justification de l'Europe, Genève, Labor et Fides (Entrée libre), 1992.

Le pardon, briser la dette et l'oubli (dir. O. Abel), Paris, Autrement, 1991.

Cet ouvrage a été composé par IGS-CP
à L'Isle-d'Espagnac (Charente, France)

IMPRIM'VERT®

Achevé d'imprimer en août 2024 par Corlet Imprimeur - 14110 Condé-en-Normandie
Dépôt légal : août 2024 - N° d'imprimeur : 24080043 - Imprimé en France